I0190629

9 780874 418286

Alef Bet Quest

COMPANION READER

Dina Maiben

Project Editor: Terry S. Kaye
Editorial Consultant: Ellen J. Rank
Book and Cover Design: Stacey May
Illustrations: Bob Depew

Contents

Use after Alef Bet Quest lesson	Page	Chapter
4	3	①
6	6	②
9	9	③
11	13	④
12	18	⑤
14	23	⑥
16	28	⑦
18	33	⑧
19	37	⑨
20	42	⑩
	47	מִילוֹן

CHAPTER 1

Companion to Lessons 1–4 in *Alef Bet Quest*

Scrambled Words

Unscramble the letters to make real words. Write the number of each word under its matching picture or English word.

1. אוֹבּ ____________
2. מַשָׁע ____________
3. לוֹשָׁם ____________
4. לָעוֹם ____________

______

______

______

Come! ______

מִילוֹן

עוֹלָם		בַּ-/בָּ-	in the
לֹא	No, not	שָׁמַע	Heard (masc.)
בּוֹא!	Come! (masc.)	בָּא	Came (masc.)

![book icon] # I Can Understand Hebrew

Read the Hebrew story. Then fill in the speech bubbles with the
words you think each person would say.

1. אָדָם שָׁם.

2. אַבָּא לֹא שָׁם.

3. אַבָּא: "בּוֹא אָדָם!"

4. אָדָם שָׁמַע. אָדָם בָּא.

5. אַבָּא: "שָׁלוֹם אָדָם!".

6. אָדָם: "שָׁלוֹם אַבָּא!"

4

Match Game

Draw a line from each sentence to its matching picture.

עַם שָׁם.

שַׁמָּשׁ שָׁם.

אָדָם שָׁם.

אַבָּא שָׁם.

CHAPTER 2

Companion to Lessons 1–6 in *Alef Bet Quest*

Picture Perfect!

Complete each picture to make its caption correct. ***Hint:*** You will need a crayon for one of the pictures!

הַדָג שֶׁל אָדָם.

הַשַׁמָשׁ בַּיָד. הַשַׁמָשׁ אָדֹם.

מִילוֹן

דָג

שֶׁלֶג

יֶלֶד

שֶׁל Of, belonging to

I Can Understand Hebrew

Read the Hebrew story. Then answer the questions that follow.

1. הַשַׁמָשׁ אָדֹם.
2. הַשַׁמָשׁ בַּיָד שֶׁל אָדָם.
3. אָדָם יֶלֶד.
4. הַדָג שֶׁל אָדָם אָדֹם.
5. שָׁלוֹם אָדָם!
6. שָׁלוֹם דָג אָדֹם!

Write your answers in Hebrew.

1. What is the boy's name? ____________________

2. What color is mentioned? ____________________

3. Which two items are this color? ____________ ____________

Be a Weather Forecaster

Fill in the correct weather words to complete the puzzle. Do not include vowels.

Clues Across

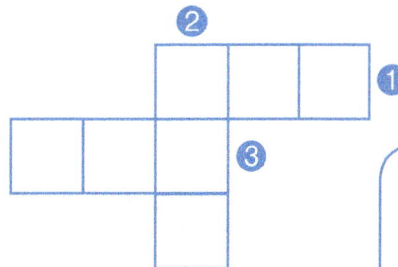

1.

3.

Clues Down

2.

Check Mate!

Check the sentence(s) that describe(s) each picture.

1

- ☐ הַדָּג בַּיָּד.
- ☐ הַשַּׁמָּשׁ בַּיָּד.
- ☐ הַדָּג בַּגֶּשֶׁם.

2

- ☐ אַבָּא בַּגֶּשֶׁם.
  אִמָּא בַּגֶּשֶׁם.
- ☐ אַבָּא שֶׁל אָדָם שָׁם.
- ☐ אָדָם בַּגֶּשֶׁם.

3

- ☐ אָדָם שָׁם.
- ☐ בּוֹא אָדָם!
- ☐ הַדָּג שֶׁל אָדָם.

4

- ☐ הַשַּׁמָּשׁ עַל הַיָּד.
- ☐ הַדָּג שָׁם.
- ☐ שֶׁלֶג שָׁם.

CHAPTER 3

Companion to Lessons 1–9 in *Alef Bet Quest*

מִי? or מַה?

Fill in the blanks with מַה? or מִי?, depending on whether the drawing is a person or an object.

1

____

2

____

3

____

4

____

מִילוֹן

מוֹרֶה		מוֹרָה	
גִּיר		הִיא	She
מִי?	Who?	מַה?	What?
בּוֹאִי!	Come! (fem.)	עַל	On

Word Search

Find and circle the Hebrew word for each of the English words below. Words may run horizontally from right to left, vertically from top to bottom, or diagonally from top right to lower left.

עֵ	מַ	דִ	ע	מַ	שָׁ	ם	בּ
ה	רָ	וֹ	מ	בִּ	ה	מִ	וֹ
יֵ	לָ	ר	וֹ	ר	עַ	י	אִ
ם	וֹ	בּ	רֶ	ל	עֹ	ד	י
בַּ	דָ	וֹ	ה	ם	יֶ	א	לֹ
הַ	ג	י	ג	לֶ	שֶׁ	רַ	וֹ
ר	י	גִ	ד	אֱ	ל	אֲ	הַ

Now write each Hebrew word next to its English meaning.

1. Heard (masc.) ____________
2. Who? ____________
3. What? ____________
4. Boy ____________
5. Teacher (fem.) ____________
6. Teacher (masc.) ____________
7. Of, belonging to ____________
8. On ____________
9. No ____________
10. Fish ____________
11. World ____________
12. Come! (fem.) ____________
13. Chalk ____________
14. Snow ____________

I Can Understand Hebrew

Read the Hebrew story. Then fill in the missing words in the sentences that follow.

1. מִי הִיא?
2. הִיא אִמָּא שֶׁל גִּילָה.
3. הִיא מוֹרָה.
4. מִי הַמּוֹרֶה?
5. אַבָּא הַמּוֹרֶה.
6. הַגִּיר בַּיָּד שֶׁל הַמּוֹרֶה.
7. הַדָּג בַּיָּד שֶׁל הַמּוֹרָה.

1. מִי מוֹרֶה? ______________ מוֹרֶה.
2. מַה בַּיָּד שֶׁל הַמּוֹרֶה? ______________
בַּיָּד שֶׁל הַמּוֹרֶה.
3. מִי מוֹרָה? ______________ שֶׁל גִּילָה מוֹרָה.
4. מַה בַּיָּד שֶׁל הַמּוֹרָה? ______________
בַּיָּד שֶׁל הַמּוֹרָה.

You're an Artist!

Draw a picture to illustrate either line 6 or 7 in the story.

Match Game

Draw a line from each sentence to its matching picture.

אִמָּא עַל הַבִּימָה.

אַבָּא עַל הַבִּימָה.

אָדָם יֶלֶד.

שָׁלוֹם גִּילָה!

מוֹרָה שָׁם.

מוֹרֶה שָׁם.

CHAPTER 4

Companion to Lessons 1–11 in *Alef Bet Quest*

Scrambled Words

Unscramble the letters to make real words. Write the number of each word under its matching picture or English word.

1. רָמוֹה ____________

2. מִילְתַּד ____________

3. תָּאַה ____________

4. דָלְיַה ____________

5. דָמִילְתַּה ____________

You (masc.)

______ ______ ______ ______ ______

מִילוֹן

תַּלְמִיד

תַּלְמִידָה

יַלְדָּה

רַב

אַתָּה You (masc.)

אַתְּ You (fem.)

Picture Perfect!

Complete each picture to make its caption correct.

הַיֶלֶד בַּשֶׁלֶג.

הַתּוֹרָה עַל הַבִּימָה. הַיָד עַל הַתּוֹרָה.

הַגִּיר בַּיָד שֶׁל הַמוֹרֶה.

Plenty of Plurals

Study the Hebrew words and their pictures. Then answer the questions that follow.

2	1
יְלָדוֹת	יַלְדָה
טַלִיתוֹת	טַלִית
מוֹרוֹת	מוֹרָה
מַצוֹת	מַצָּה

1. What word ending is added to the words in column 2? ____________

2. What does this word ending show us? ____________

3. Write the plural of בִּימָה . *Hint:* ָה falls away. ____________

4. Write the plural of תַּלְמִידָה . *Hint:* ָה falls away. ____________

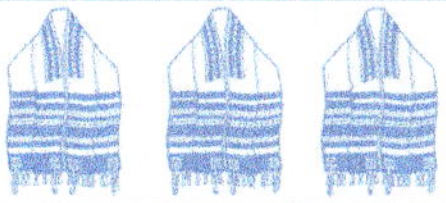

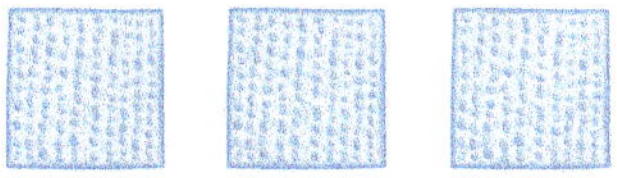

I Can Understand Hebrew

Read the Hebrew story.

1. מִי עַל הַבִּימָה?

2. הָרַב עַל הַבִּימָה.

3. אַבָּא עַל הַבִּימָה.

4. אִמָּא עַל הַבִּימָה.

5. הַיַּלְדָּה עַל הַבִּימָה.

6. הַיֶּלֶד עַל הַבִּימָה.

7. מַה עַל הַבִּימָה?

8. הַתּוֹרָה עַל הַבִּימָה.

9. הַטַּלִּית עַל הַבִּימָה.

Circle the objects or people below if they appear in the story. Write the number of the line on which the object or person is mentioned.

Check Mate!

Check the sentence(s) that describe(s) each picture.

1

☐ אַתְּ מוֹרָה.

☐ אַתָּה מוֹרֶה.

☐ אַתָּה רַב.

2

☐ הָרַב עַל הַבִּימָה.

☐ אָדָם עַל הַבִּימָה.

☐ הַבִּימָה שָׁם.

3

☐ בֵּיצָה בַּיָּד שֶׁל הַמּוֹרָה.

☐ מַצָּה בַּיָּד שֶׁל הַיֶּלֶד.

☐ מַצָּה בַּיָּד שֶׁל הַמּוֹרָה.

4

☐ הַדָּג בַּיָּד שֶׁל הַיֶּלֶד.

☐ בֵּיצָה בַּיָּד שֶׁל הַיֶּלֶד.

☐ מִיץ עַל הַיָּד שֶׁל הַיַּלְדָּה.

CHAPTER 5

Companion to Lessons 1–12 in *Alef Bet Quest*

Just for Laughs

Hebrew is a funny language. In Hebrew:

מִי is who, and

הוּא is he, and

הִיא is she! And a

דָג is a fish!

You're an Artist!

Draw a picture to illustrate each sentence.

1. יֶלֶד בַּסֻּכָּה.

2. סֻכָּה בַּגֶּשֶׁם.

מִילוֹן

כִּתָּה

מוּסִיקָה

כּוֹתֵב / כּוֹתֶבֶת

קוֹרֵא / קוֹרֵאת

לוֹמֵד Studies (masc.)

לוֹמֶדֶת Studies (fem.)

עִבְרִית Hebrew

הוּא He

וְ- / וּ- And

Classroom Crossword

Fill in the correct words to complete the puzzle. Do not include vowels or dots.

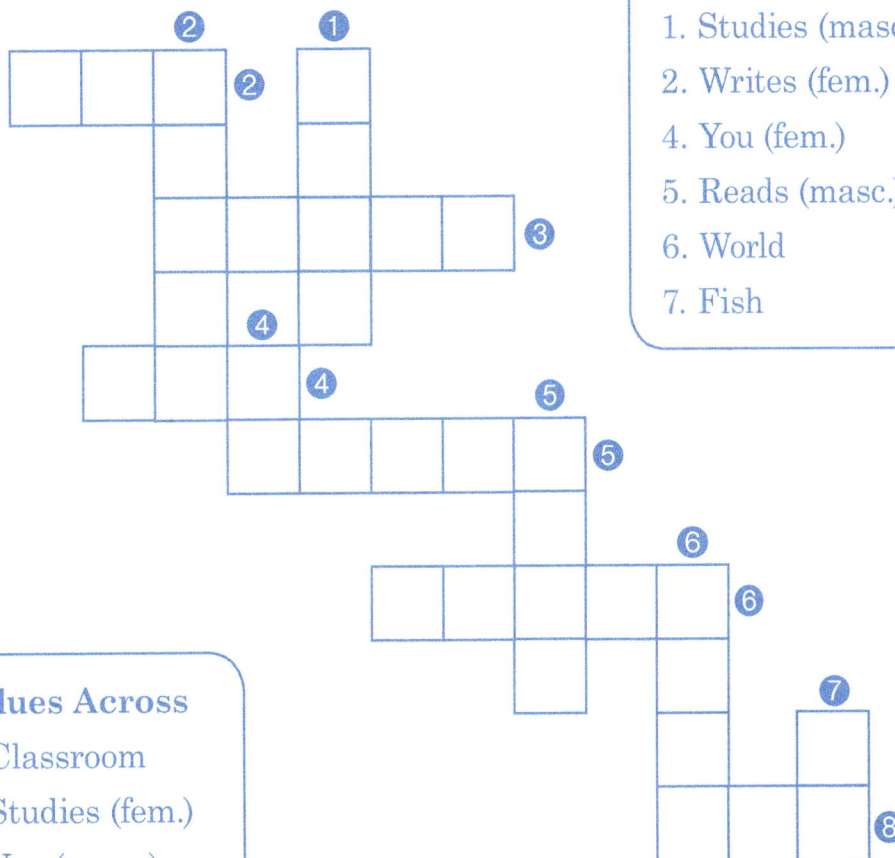

Clues Down

1. Studies (masc.)
2. Writes (fem.)
4. You (fem.)
5. Reads (masc.)
6. World
7. Fish

Clues Across

2. Classroom
3. Studies (fem.)
4. You (masc.)
5. Reads (fem.)
6. Hebrew
8. Rain

19

Let's Verbalize!

Change the verb in each example to make the second sentence correct.

1. הַתַּלְמִיד לוֹמֵד עִבְרִית.

   הַתַּלְמִידָה _____ עִבְרִית.

2. הַמּוֹרָה כּוֹתֶבֶת מוּסִיקָה.

   הַמּוֹרֶה _____ מוּסִיקָה.

3. אַבָּא קוֹרֵא.

   אִמָּא _____ .

   הַיֶּלֶד קוֹרֵא עִבְרִית.

   הַיַּלְדָּה _____ עִבְרִית.

4. בּוֹאִי, גִּילָה.

   _____ , אָדָם.

Now write your own Hebrew sentence. Remember to use the correct form of the verb!

_____

Match Game

Draw a line from each sentence to its matching picture.

שָׁלוֹם אָדָם!

הַמּוֹרֶה בַּכִּתָּה.

הוּא שָׁמַע מוּסִיקָה.

הַמּוֹרָה בַּכִּתָּה.

הָרַב קוֹרֵא עִבְרִית.

הַתּוֹרָה עַל הַבִּימָה.

I Can Understand Hebrew

Read the Hebrew story. Then answer the questions that follow. Write your answers in Hebrew.

1. אָדָם בַּכִּתָּה. הוּא תַּלְמִיד.

2. הוּא לוֹמֵד עִבְרִית בַּכִּתָּה.

3. אָדָם קוֹרֵא עִבְרִית,

4. וְהַמּוֹרֶה כּוֹתֵב עִבְרִית.

5. גִּילָה בַּכִּתָּה. הִיא תַּלְמִידָה.

6. הִיא לוֹמֶדֶת עִבְרִית בַּכִּתָּה.

7. הַמּוֹרָה קוֹרֵאת עִבְרִית,

8. וְגִילָה כּוֹתֶבֶת עִבְרִית.

1. Which title best describes this story?

☐ מִי מוֹרֶה?   ☐ בַּכִּתָּה   ☐ הָרַב עַל הַבִּימָה

2. Why did you choose this title? _____

3. What is the name of the boy? _____ of the girl? _____

4. Where are the children? _____

5. What are they studying? _____

22

CHAPTER 6

Companion to Lessons 1–14 in *Alef Bet Quest*

Match Game

Match each sentence to its picture.

הִיא קוֹרֵאת עִבְרִית.

הוּא שָׁמַע מוּסִיקָה.

מִילוֹן

בֹּקֶר

עֶרֶב

גְלִידָה

עוּגָה

אוֹכֵל / אוֹכֶלֶת

שׁוֹתֶה / שׁוֹתָה

טוֹב Good (masc.)

מַזָּל טוֹב! Congratulations!

בֹּקֶר טוֹב! Good Morning!

עֶרֶב טוֹב! Good Evening!

Word Search

Find and circle the Hebrew word for each of the English words below. Words may run horizontally from right to left, vertically from top to bottom, or diagonally from top right to lower left.

בְּ	חֶ	ךְ	עֶ	ת	לֶ	כֶ	וֹ	א
בַ	שְׂ	עְ	רֶ	סֶ	ר	קֶ	בֹּ	וֹ
סֶ	דָ	בְ	ב	וֹ	ט	חָ	אֲ	כֵ
כָּ	קָ	רְ	כָּ	ךְ	וְ	תָּ	שׁ	ל
ה	דָ	י	לְ	גְ	ה	תֶ	וֹ	שׁ
וּ	ה	ת	צֵ	דָ	תֶ	ט	תָ	כְ
א	י	הְ	שׂ	ס	תֶּ	זְ	ה	וַ

Now write each Hebrew word next to its English meaning.

1. Eats (masc.) ____________
2. Eats (fem.) ____________
3. Evening ____________
4. Sukkah ____________
5. Morning ____________
6. Hebrew ____________
7. You (masc.) ____________
8. Drinks (fem.) ____________
9. Good ____________
10. Drinks (masc.) ____________
11. Ice cream ____________
12. He ____________
13. She ____________

Plenty of Plurals

Study the Hebrew words and their pictures. Then answer the questions that follow.

2	1
יְלָדִים	יֶלֶד
תַּלְמִידִים	תַּלְמִיד
מוֹרִים	מוֹרֶה
דָּגִים	דָּג

1. What suffix is added to the words in column 2? ________________

2. What does this suffix show us? ____________________

3. Write the English meaning for each plural word below:

מֶלֶךְ מְלָכִים ________________

עוֹלָם עוֹלָמִים ________________

Check Mate!

Check the correct phrase or greeting for each picture.

1

☐ מַזָל טוֹב!

☐ בֹּקֶר טוֹב!

☐ שַׁבָּת שָׁלוֹם!

2

☐ עֶרֶב טוֹב!

☐ מַזָל טוֹב!

☐ בֹּקֶר טוֹב!

3

☐ בֹּקֶר טוֹב!

☐ שַׁבָּת שָׁלוֹם!

☐ עֶרֶב טוֹב!

4

☐ בֹּקֶר טוֹב!

☐ עֶרֶב טוֹב!

☐ מַזָל טוֹב!

I Can Understand Hebrew

Read the Hebrew story. Then answer the questions that follow.

1. אָדָם אוֹכֵל עוּגָה. הוּא שׁוֹתֶה קוֹלָה.
2. גִּילָה אוֹכֶלֶת גְּלִידָה. הִיא שׁוֹתָה מִיץ.
3. אַבָּא אוֹכֵל גְּלִידָה. הוּא שׁוֹתֶה תֵּה.
4. אִמָּא לֹא אוֹכֶלֶת. הִיא שׁוֹתָה תֵּה.
5. סַבָּא אוֹכֵל עוּגָה וּגְלִידָה. הוּא לֹא שׁוֹתֶה.
6. סַבְתָּא לֹא אוֹכֶלֶת וְלֹא שׁוֹתָה.

1. מִי אוֹכֵל/אוֹכֶלֶת עוּגָה? __________ __________
2. מִי אוֹכֵל/אוֹכֶלֶת גְּלִידָה? ________ ________ ________
3. מִי שׁוֹתֶה/שׁוֹתָה קוֹלָה? ____________
4. מִי שׁוֹתֶה/שׁוֹתָה תֵּה? __________ __________
5. מִי לֹא אוֹכֵל/אוֹכֶלֶת? __________ __________

You're an Artist!

Draw a picture to illustrate each word.

1. עוּגָה
2. תֵּה
3. גְּלִידָה
4. מִיץ

CHAPTER 7

Companion to Lessons 1–16 in *Alef Bet Quest*

Scrambled Words

Unscramble the letters to make words you know. Write the number of each word under its matching picture.

1. לִיגְדָה ____________

2. רֶעֶב ____________

3. תֶבֶכּוֹת ____________

4. גָעוּה ____________

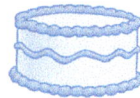

______

______

______

______

מִילוֹן

כֶּלֶב

חָתוּל

בַּיִת

כִּסֵּא

צִפּוֹר

מַיִם

לַיְלָה

תַּחַת Under

Veterinary Crossword

Fill in the correct words to complete the puzzle. Do not include vowels or dots. ***Hint:*** You can find the names of three animals in the Word Box.

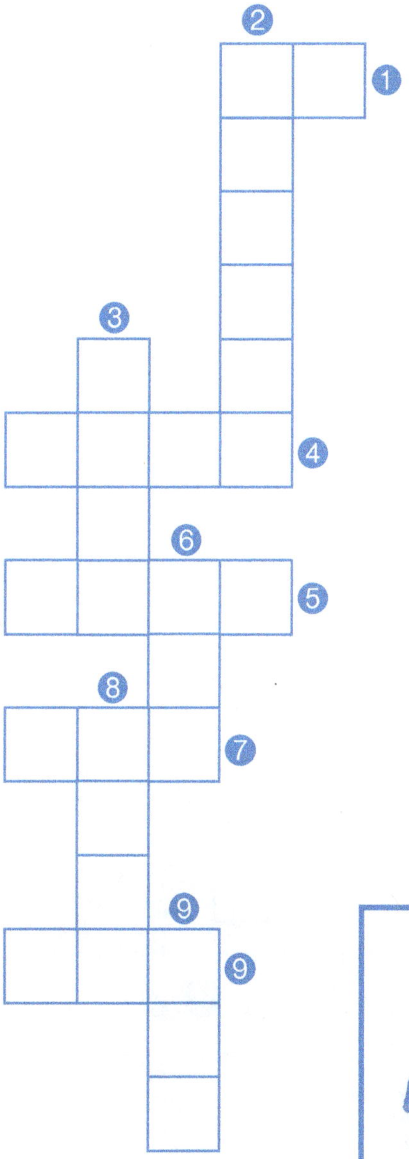

Clues Down

2. Gorilla
3. Bird
6. House
8. Cat
9. Chair

Clues Across

1. Fish
4. Hippo
5. Zebra
7. Under
9. Dog

Word Box

גוֹרִילָה

זֶבְּרָה

הִיפּוֹ

Check Mate!

Check the sentence that best describes each picture.

1

☐ בֹּקֶר טוֹב!

☐ לַיְלָה טוֹב!

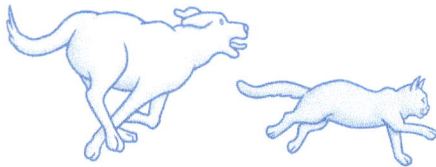

2

☐ בֹּקֶר טוֹב!

☐ לַיְלָה טוֹב!

3

☐ הַכֶּלֶב טוֹב.

☐ הַכֶּלֶב לֹא טוֹב.

4

☐ הַכֶּלֶב טוֹב.

☐ הַכֶּלֶב לֹא טוֹב.

5

☐ חָתוּל טוֹב.

☐ חָתוּל לֹא טוֹב.

6

☐ חָתוּל טוֹב.

☐ חָתוּל לֹא טוֹב.

Picture Perfect!

Complete each picture to make its caption correct.

הַדָּג בַּמַּיִם.

הִיפּוֹ בַּמַּיִם.

כֶּלֶב עַל הַכִּסֵּא.

חָתוּל תַּחַת הַכִּסֵּא.

צִפּוֹר עַל הַכִּסֵּא.

I Can Understand Hebrew

Read the Hebrew story.

1. הַבַּיִת שָׁם.

2. אַבָּא וְאִמָּא בַּבַּיִת.

3. סַבָּא וְסַבְתָּא בַּבַּיִת.

4. אָדָם וְגִילָה בַּבַּיִת.

5. הַכֶּלֶב תַּחַת הַכִּסֵּא.

6. הֶחָתוּל שׁוֹתֶה מַיִם.

7. הַצִּפּוֹר עַל הַבֵּיצָה.

8. הַדָּג בַּמַּיִם.

Draw a picture to illustrate the story.

CHAPTER 8

Companion to Lessons 1–18 in *Alef Bet Quest*

Proper Pronouns

Change the pronoun to make the second sentence correct.

1. אַתָּה קוֹרֵא עִבְרִית.

______ קוֹרֵאת עִבְרִית.

2. הִיא שׁוֹתָה מַיִם.

______ שׁוֹתֶה מַיִם.

Now, write a sentence about yourself.

אֲנִי ______________________________ .

מִילוֹן

לֶחֶם

פִּיצָה

תַּפּוּז

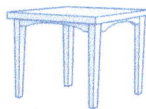

שֻׁלְחָן

נֵר

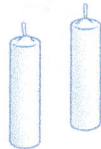

נֵרוֹת

יְרָקוֹת

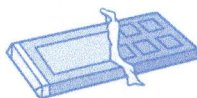

שׁוֹקוֹלָד

אֲנִי I

כֵּן Yes

טוֹבָה Good (fem.)

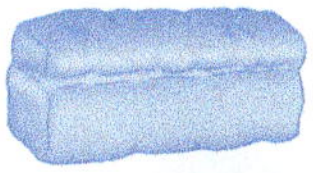

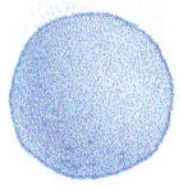

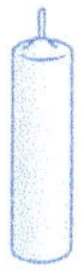

Yes and No

Write כֵּן if the sentence matches its picture. Write לֹא if the sentence does not match the picture.

1. הַיֶּלֶד אוֹכֵל לֶחֶם?

______, הוּא אוֹכֵל לֶחֶם.

2. הַיַּלְדָּה אוֹכֶלֶת שׁוֹקוֹלָד?

______, הַיֶּלֶד אוֹכֵל שׁוֹקוֹלָד.

3. הַיַּלְדָּה אוֹכֶלֶת תַּפּוּז?

______, הִיא אוֹכֶלֶת גְּלִידָה.

4. אַבָּא שׁוֹתֶה תֵּה?

______, הוּא שׁוֹתֶה יַיִן.

5. הַיַּלְדָּה שׁוֹתָה מִיץ?

______, הִיא שׁוֹתָה קוֹלָה.

Agreeable Adjectives

Study the Hebrew phrases and their pictures. Then complete the sentences below.

2	1
יַלְדָה טוֹבָה	יֶלֶד טוֹב
מוֹרָה טוֹבָה	מוֹרֶה טוֹב
פִּיצָה טוֹבָה	כֶּלֶב טוֹב

1. In Hebrew, adjectives come ________________ the noun.

2. In Hebrew, all nouns are either masculine or feminine. All of the nouns and adjectives in column 1 are ____________________ .

3. All of the nouns and adjectives in column 2 are ____________________ .

Adjective Match

Fill in the correct form of the adjective: טוֹב or טוֹבָה.

1. מִשְׁפָּחָה ________________

2. אַבָּא ________________

3. מֶלֶךְ ________________

4. בְּרָכָה ________________

I Can Understand Hebrew

Read the Hebrew story. Then answer the questions that follow.

1. שַׁבָּת בַּבַּיִת.
2. הַמִּשְׁפָּחָה בַּבַּיִת.
3. אַבָּא בַּבַּיִת וְאִמָּא בַּבַּיִת.
4. סַבָּא וְסַבְתָּא בַּבַּיִת.
5. אָדָם וְגִילָה בַּבַּיִת.
6. הַכֶּלֶב וְהֶחָתוּל בַּבַּיִת.
7. הַנֵּרוֹת עַל הַשֻּׁלְחָן.
8. יַיִן וְחַלָּה עַל הַשֻּׁלְחָן.
9. חָתוּל עַל הַכִּסֵּא.
10. הַכֶּלֶב תַּחַת הַכִּסֵּא.

1. Which title best describes this story?

☐ בֹּקֶר טוֹב! ☐ מִי אוֹכֵל חַלָּה? ☐ שַׁבָּת שָׁלוֹם!

2. How many family members are in the house? _____ In Hebrew, write who they are. ____________________

3. How many animals are in the house? _____ In Hebrew, write what they are.

____

4. How many objects are on the table? _____ In Hebrew, write what they are.

____

CHAPTER 9

Companion to Lessons 1–19 in *Alef Bet Quest*

Scrambled Words

Unscramble the letters to make the words that match each picture.

פָּרוֹעְן ________________

רֶחְבֶּמַת ________________

חַלוּ ________________

לוּחָת ________________

מִילוֹן

סֵפֶר

בֵּית-סֵפֶר

עִפָּרוֹן

לוּחַ

מַחְבֶּרֶת

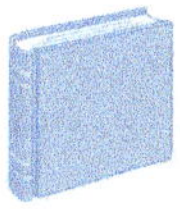

תַּפּוּחַ

אֵיפֹה? Where?

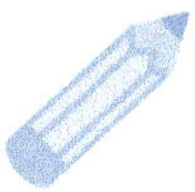

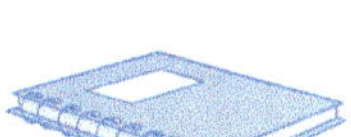

Word Search

Find and circle the Hebrew word for each of the English words below. Words may run horizontally from right to left, vertically from top to bottom, or diagonally from top right to lower left.

ם	שֶׁ	יֶ	גֶ	ל	ת	יִ	בַּ
ב	לֶ	כֶּ	פֶּ	וּ	וֹ	צִ	מְ
ד	ג	ן	וְ	חַ	וּ	פ	תַּ
ק	זַ	ךְ	אֲ	נֵ	כִּ	וֹ	פּ
לִ	אֵ	נִ	ה	תָּ	אַ	ר	וּ
עֶ	י	צַ	ה	נֶ	תְּ	מָ	ז
גָ	פֹּ	ב	רֶ	עֶ	ז	אֱ	צֶ
ח	ה	ט	קִ	שַׁ	ר	קֶ	בֹּ

Now write each Hebrew word next to its English meaning.

1. Snow ____________
2. Morning ____________
3. I ____________
4. House ____________
5. Where? ____________
6. Bird ____________
7. Boy ____________
8. You (fem.) ____________
9. Orange ____________
10. Dog ____________
11. You (masc.) ____________
12. Chalkboard ____________
13. Classroom ____________
14. Evening ____________
15. Apple ____________

Let's Verbalize!

Change the verb in each example to make the second sentence correct.

1. אַבָּא אוֹכֵל הַמְּבוּרְגֶר, וְהוּא שׁוֹתֶה קוֹלָה.

אִמָּא ________ תַּפּוּחַ, וְהִיא ________ תֵּה.

2. הָעִפָּרוֹן בַּיָּד שֶׁל הַמּוֹרָה. הִיא כּוֹתֶבֶת בַּמַּחְבֶּרֶת.

הַגִּיר בַּיָּד שֶׁל הַמּוֹרֶה.

הוּא ________ עַל הַלּוּחַ.

3. שַׁבָּת בַּבַּיִת.

אַבָּא אוֹכֵל חַלָּה. הוּא שׁוֹתֶה יַיִן.

אִמָּא ________ חַלָּה. הִיא ________ יַיִן.

הַיֶּלֶד ________ חַלָּה. הוּא ________ מִיץ.

I Can Understand Hebrew

Read the Hebrew story and study the picture. Answer the questions that follow.

1. הַמּוֹרָה לֹא בַּכִּתָּה.
2. הַתַּלְמִידִים לֹא בַּכִּתָּה.
3. הַשֻּׁלְחָן וְהַכִּסֵּא בַּכִּתָּה.
4. עִבְרִית עַל הַלּוּחַ.
5. הַמַּחְבֶּרֶת עַל הַשֻּׁלְחָן.
6. הַסֵּפֶר עַל הַמַּחְבֶּרֶת.
7. הַגִּיר עַל הַסֵּפֶר.
8. הָעִפָּרוֹן תַּחַת הַכִּסֵּא.

1. אֵיפֹה הַסֵּפֶר? הַסֵּפֶר ____________ הַגִּיר.
2. אֵיפֹה הַגִּיר? הַגִּיר ____________ הַסֵּפֶר.
3. אֵיפֹה הָעִפָּרוֹן? הָעִפָּרוֹן ____________ הַכִּסֵּא.
4. אֵיפֹה הַמַּחְבֶּרֶת? הַמַּחְבֶּרֶת ____________ הַסֵּפֶר.
5. אֵיפֹה הַמַּחְבֶּרֶת? הַמַּחְבֶּרֶת ____________ הַשֻּׁלְחָן.

Reading Riddle

Write the Hebrew word for each picture. Then copy the circled letters in the numbered spaces at the bottom of the page to answer the question.

.1 ___ ___ (___)

.2 ___ (___) ___

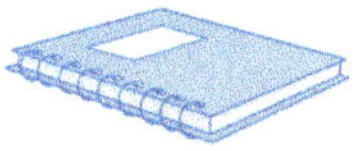

.3 (___) ___ ___ ___ ___

.4 ___ (___) ___

.5 ___ (___) ___ ___

.6 ___ ___ (___) ___ ___

אֵיפֹה כִּתָּה?

___ ___ ___ - ___ ___ ___

6 5 4 3 2 1

Draw a picture to illustrate your answer.

CHAPTER 10

Companion to Lessons 1–20 in *Alef Bet Quest*

Holiday Match Game

Connect each holiday object to the passage that describes the holiday.

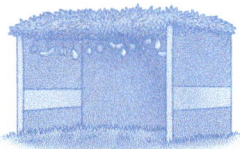

1. חֲנֻכָּה בַּבַּיִת.
הַשַּׁמָּשׁ וְנֵרוֹת עַל הַשֻּׁלְחָן.

2. רֹאשׁ הַשָּׁנָה בְּבֵית-הַכְּנֶסֶת.
הַשּׁוֹפָר עַל הַבִּימָה. חַג שָׂמֵחַ!

3. סֻכּוֹת בַּבַּיִת. הַכֶּלֶב בַּסֻּכָּה.
צִפּוֹר עַל הַסֻּכָּה.

4. פּוּרִים בְּבֵית-הַכְּנֶסֶת.
אָדָם וְגִילָה בַּהַצָּגָה.
הַהַצָּגָה עַל הַבִּימָה.

מִילוֹן

בֵּית-כְּנֶסֶת

הַצָּגָה A Play

I Can Understand Hebrew

Read the Hebrew story and study the picture. Then answer the questions that follow.

הַמִשְׁפָּחָה לֹא בַּבַּיִת.

אַבָּא לֹא בַּבַּיִת. אִמָא לֹא בַּבַּיִת.

סַבָּא וְסַבְתָּא לֹא בַּבַּיִת.

אָדָם וְגִילָה לֹא בַּבַּיִת.

הַכֶּלֶב בַּבַּיִת וְהֶחָתוּל בַּבַּיִת.

הַצִפּוֹר וְהַדָּג בַּבַּיִת.

1. Which title best describes this story?

☐ שַׁבַּת שָׁלוֹם!   ☐ חַג שָׂמֵחַ!   ☐ אוֹי וַאֲבוֹי!

2. Why did you choose that title? ______________________________

I Can Understand Hebrew

Read the Hebrew sentences. Draw the foods each person is eating.

1. אִמָּא אוֹכֶלֶת בֵּיצָה וְלֶחֶם בַּבֹּקֶר.
הִיא שׁוֹתָה תֵּה.

2. בַּצָּהֳרַיִם הַיַּלְדָּה אוֹכֶלֶת פִּיצָה
וְתַפּוּחַ. הִיא שׁוֹתָה מִיץ.

3. בָּעֶרֶב אַבָּא אוֹכֵל יְרָקוֹת, הַמְבּוּרְגֶר,
וְתַפּוּז. הוּא שׁוֹתֶה קוֹלָה.

4. בַּלַּיְלָה הַיֶּלֶד אוֹכֵל שׁוֹקוֹלָד.
הוּא לֹא שׁוֹתֶה.

At what time of day is each person eating? Write your answer in English.

1. Girl ____________________

2. Dad ____________________

3. Boy ____________________

4. Mom ____________________

Wrap-It-Up Crossword

Fill in the correct words to complete the puzzle. Do not include vowels or dots.

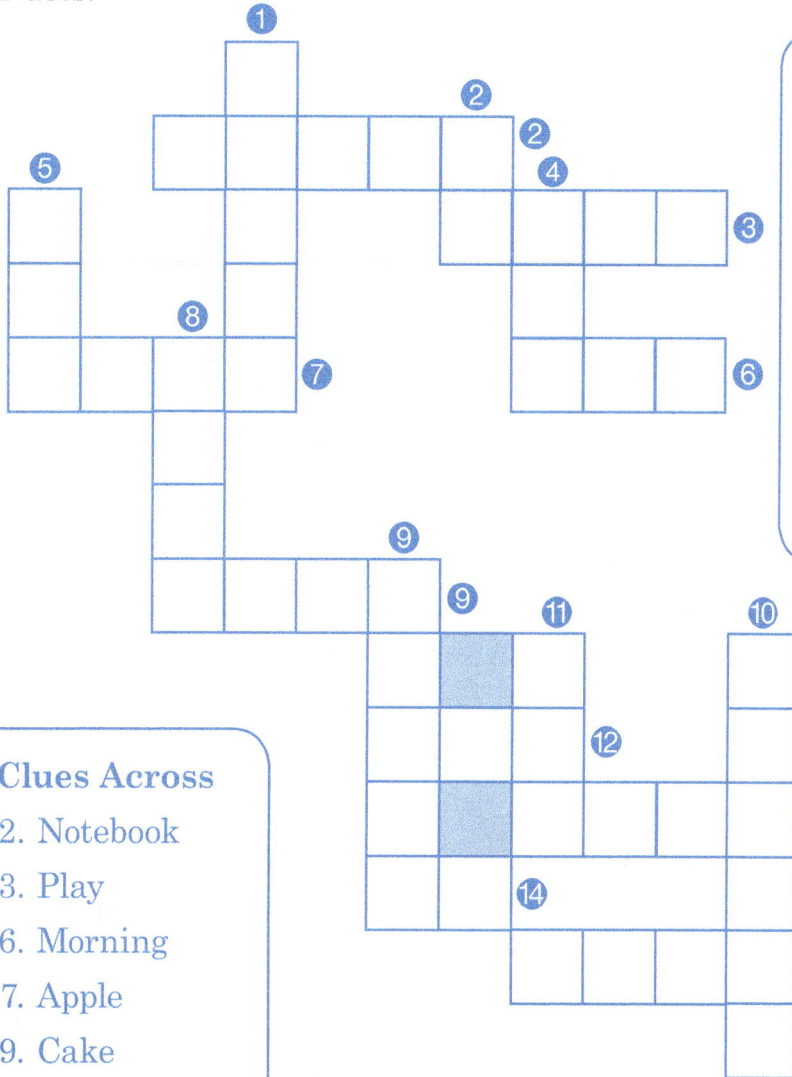

Clues Down

1. Vegetables
2. What?
4. Chalk
5. Blackboard
8. Pizza
9. Pencil
10. Chocolate
11. Chair

Clues Across

2. Notebook
3. Play
6. Morning
7. Apple
9. Cake
12. Book
13. Reads (masc.)
14. Yes
15. Night

You're a Hebrew Author

Write a story in Hebrew about a boy or girl your age. Give your character a name.

You may want to describe:

- What your character eats and drinks
- Relatives or pets
- Your character's classroom

Be creative and have fun!

_____

_____

_____

_____

_____

_____

Draw an illustration for your story.

מִילוֹן

א

	אַבָּא
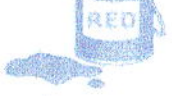	אָדֹם
	אוֹכֵל
	אוֹכֶלֶת
Where?	אֵיפֹה?
	אִמָא
I	אֲנִי
You (fem.)	אַתְּ
You (masc.)	אַתָּה

ב

In the	בַּ-/בְּ-
Came (masc.)	בָּא
Come! (masc.)	בּוֹא!
Come! (fem.)	בּוֹאִי!
	בִּימָה
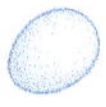	בֵּיצָה
	בַּיִת
	בֵּית-כְּנֶסֶת
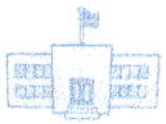	בֵּית-סֵפֶר
	בֹּקֶר
Good Morning!	בֹּקֶר טוֹב!

ג

	גּוֹרִילָה
	גִּיר
	גְּלִידָה
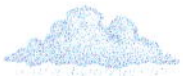	גֶּשֶׁם

ד

	דָּג

ה

The	הַ-/הָ-
He	הוּא
She	הִיא
	הִיפּוֹ
	הַמְבּוּרְגֶּר
A Play	הַצָּגָה

ו

And	וְ-/וּ-

ז

	זֶבְּרָה

ח

Happy Holiday!	חַג שָׂמֵחַ
	חַלָּה
Hanukkah	חֲנֻכָּה
	חָתוּל

ט

Good (masc.)	טוֹב
Good (fem.)	טוֹבָה
	טַלִית

י

	יָד
	יַיִן
	יֶלֶד
	יַלְדָּה
	יְרָקוֹת

כ

	כּוֹתֵב
	כּוֹתֶבֶת
	כֶּלֶב
Yes	כֵּן
	כִּסֵּא
	כִּתָּה

ל

No, not	לֹא
	לוּחַ
Studies (masc.)	לוֹמֵד
Studies (fem.)	לוֹמֶדֶת

לֶחֶם

לַיְלָה

מ

מָה? What?

מוּסִיקָה

מוֹרֶה

מוֹרָה

מַזָל טוֹב! Congratulations!

מַחְבֶּרֶת

מִי? Who?

מַיִם

מִיץ

מֶלֶךְ

מַצָה

מִשְׁפָּחָה

נ

נֵר

נֵרוֹת

ס

סַבָּא

סַבְתָּא

סֻכָּה

סֵפֶר

ע

עִבְרִית Hebrew

עוּגָה

עוֹלָם

עַל On

עַם

עִפָּרוֹן

עֶרֶב

עֶרֶב טוֹב! Good Evening!

פ

פּוּרִים Purim

פִּיצָה

צ

צָהֳרַיִם

צִפּוֹר

ק

קוֹלָה

קוֹרֵא

קוֹרֵאת

ר

רֹאשׁ הַשָּׁנָה Rosh Hashanah

רַב

ש

שַׁבָּת Shabbat

שׁוֹפָר

שׁוֹקוֹלָד

שׁוֹתֶה

שׁוֹתָה

שֶׁל Of, belonging to

שֶׁלֶג

שָׁלוֹם

שֻׁלְחָן

שָׁם There

שָׁמַע Heard (masc.)

שַׁמָשׁ

שֶׁמֶשׁ

ת

תֵּה

תּוֹרָה

תַּחַת Under

תַּלְמִיד

תַּלְמִידָה

תַּפּוּז

תַּפּוּחַ

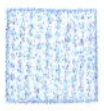

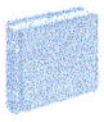

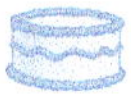

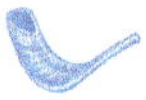

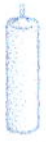

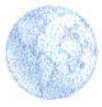

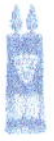